FICHE DE LECTURE

DOCUMENT RÉDIGÉ PAR HADRIEN SERET
MAITRE EN LANGUES ET LITTÉRATURE FRANÇAISES ET ROMANES
(UNIVERSITÉ LIBRE DE BRUXELLES)

Le Colonel Chabert

HONORÉ DE BALZAC

lePetitLittéraire.fr

Honoré de Balzac
Écrivain français

- **Né en 1799 à Tours**
- **Décédé en 1850 à Paris**
- **Quelques-unes de ses œuvres :**
  Les Chouans (1829), roman
  Eugénie Grandet (1833), roman
  Le Père Goriot (1835), roman

Honoré de Balzac (1799-1850) est l'un des écrivains français majeurs du XIXe siècle. Jeune homme, il s'ouvre les portes des milieux aristocratiques parisiens qu'il ne cessera de fréquenter. Mais des entreprises désastreuses et un train de vie excessif le ruineront rapidement : l'écriture littéraire, pratiquée avec passion et assiduité, deviendra pour lui le seul moyen de rembourser ses dettes.

Ambitieux, il s'attèle à une œuvre monumentale, *La Comédie humaine*, qui compte plus de quatre-vingt-dix romans, et dont le but est de dresser un portrait exhaustif de la société de son temps (pour « faire concurrence à l'état civil »). Parmi ses romans les plus célèbres, on trouve *Eugénie Grandet* (1833) ou *Le Père Goriot* (1835).

Balzac est considéré comme l'un des pères du roman réaliste moderne.

Le Colonel Chabert
Une intrigue captivante

- **Genre :** nouvelle
- **Édition de référence :** *Le Colonel Chabert* suivi de *Ferragus*, Paris, Le Livre de Poche, 1964, 255 p.
- **1re édition :** 1832
- **Thématiques :** honneur, guerre, vengeance, mariage, argent

Le Colonel Chabert est une nouvelle publiée dès 1832, mais qui parait dans sa forme définitive en 1845. Appartenant aux *Scènes de la vie privée* de *La Comédie humaine*, elle raconte la lutte de Hyacinthe Chabert, ancien colonel dans l'armée de Napoléon, pour recouvrer son honneur, ses biens et sa femme, après qu'on l'ait cru mort.

Ce combat est l'occasion pour l'auteur de conter les terribles actes provoqués par l'union de l'amour et de l'argent, le tout dans un univers qui oscille constamment entre la misère de Chabert et la richesse de sa femme.

RÉSUMÉ

À Paris, dans l'étude d'un avoué, des clercs travaillent dans une ambiance plutôt détendue. Alors qu'ils se laissent aller à des quolibets, ils voient arriver à leur porte un vieil homme. Ce dernier, plutôt misérable, demande à s'entretenir avec le patron des lieux, un certain M. Derville. Mais les clercs lui apprennent que ce dernier, très courtisé, ne passe à son bureau que la nuit : il lui faudra revenir vers 1 heure du matin s'il veut espérer le rencontrer.

À l'heure dite, l'étrange homme se présente à nouveau et est reçu par Derville. Il lui décline alors sa véritable identité : il s'appelle Hyacinthe Chabert, connu en France sous le titre de colonel Chabert, célèbre pour ses exploits sur les champs de bataille et pour sa mort héroïque à Eyleau.

En réalité, ce dernier n'a pas succombé : on l'a cru mort alors qu'il était plongé dans un état de catalepsie (processus au cours duquel un individu tombe dans un évanouissement profond sans que cela ne provoque de dégradation des fonctions vitales) et il a donc été enterré dans une fosse. Lorsqu'il a repris connaissance, mal en point et avec une grave blessure à la tête, il lui a fallu sortir de ce charnier : il n'a dû son salut qu'à l'intervention d'un couple qui l'a recueilli et hébergé. Mais, devant la gravité de son état, ils l'ont envoyé à l'hôpital de Heilsberg afin qu'il reçoive des soins plus adéquats. C'est dans cet établissement qu'il a recouvré la santé et s'est souvenu être le colonel Chabert. En revendiquant ce patronyme, il s'est rendu compte que tout le monde le prenait pour un fou, la nouvelle de son décès étant connue de tous. Seul un médecin a cru à son histoire et lui a rédigé un dossier prouvant son identité, le tout sous la houlette d'un notaire.

Chassé de l'hôpital, Chabert a erré un peu partout et raconté son histoire à qui voulait l'entendre : il a finalement été enfermé dans un asile à Stuttgart, puis libéré deux ans plus tard pour bonne conduite. Peu après, il a rencontré Boutin, un ancien soldat que le colonel avait dirigé et qui a tout de suite reconnu son ancien chef. Il l'a alors envoyé à Paris pour solliciter l'aide de la comtesse de Ferraud, son ancienne femme. Mais aucune assistance n'arrivant, il s'est lui-même rendu dans la capitale, où il a appris sa propre mort, l'ouverture de sa succession et le remariage de sa désormais ex-épouse. Bien qu'il lui ait écrit plusieurs lettres, cette dernière continue de nier son existence. C'est pour se venger d'elle et récupérer ses biens que le colonel Chabert souhaite obtenir le concours de Derville.

L'avoué, contrairement aux autres hommes de loi que le vieux militaire a consultés, prend l'affaire très au sérieux : il annonce qu'il fera rapatrier le dossier d'Heilsberg dans son étude et qu'il fera tout pour faire triompher le colonel. En outre, il lui versera chaque mois un peu d'argent afin qu'il puisse vivre en attendant la tenue d'un éventuel procès.

Trois mois plus tard, Derville rend visite à son client. Celui-ci loge chez Vergniaud, un ancien soldat de son régiment devenu nourrisseur (personne qui offre le couvert, et parfois le gite, en échange d'une certaine somme d'argent). Dans ce cadre misérable, l'avoué explique au colonel qu'un procès est envisageable, mais qu'il coutera très cher au vu des circonstances exceptionnelles de l'affaire. En outre, il informe le vieil homme que son testament ayant été exécuté, il ne peut espérer récupérer que le quart de sa fortune. Dans l'impossibilité d'avancer la somme nécessaire pour engager des poursuites, Derville propose d'être le médiateur d'un accord à l'amiable entre lui et Mme Ferraud. Le colonel accepte et fait entièrement confiance à son bienfaiteur.

Derville se rend chez la comtesse qu'il connait bien car c'est une de ses clientes. Là, il déploie toute son intelligence pour piéger l'ancienne femme du colonel : il insiste sur la fragilité de sa nouvelle union et les aspirations royalistes de son mari qui pourraient le pousser à la quitter en profitant d'un éventuel scandale. Devant ces dangers, elle accepte une conciliation avec le colonel Chabert chez l'avoué.

Durant cette conciliation, Derville propose à Mme Ferraud de verser une rente de vingt-quatre-mille francs à son ex-époux en échange de quoi l'affaire sera étouffée. Mais la comtesse refuse, provoquant la colère du militaire. Ce dernier l'injurie et elle quitte l'étude.

Alors qu'il sort du bureau de Derville, le colonel Chabert est piégé par la comtesse : sous des airs enjôleurs, cette dernière lui fait miroiter l'espoir d'une réconciliation. L'emmenant dans sa résidence secondaire, elle parvient à le faire renoncer à son désir de vengeance. Lui-même accepte de conserver son statut de mort afin de pouvoir revivre une histoire d'amour avec celle qui fut son épouse. Cependant, alors qu'il s'apprête à signer un contrat confirmant son renoncement, il prend conscience du leurre imaginé par Mme Ferraud : elle n'a nullement l'intention de l'aimer secrètement, mais bien de s'en débarrasser en l'envoyant à l'asile de Charenton. Dégouté par tant de bassesse, le colonel Chabert fuit le domaine et se remet à errer sur les routes.

Six mois plus tard, Derville, toujours impayé de ses actions menées pour le colonel, rencontre au tribunal son ancien client qu'on vient d'arrêter pour vagabondage. L'avoué lui réclame ses frais et le colonel, outré que sa femme n'ait rien réglé, lui signe une reconnaissance de dette à remettre à son épouse.

Quelques années plus tard, l'avoué rencontre une dernière fois le vieux militaire dans un hospice où il est destiné à mourir.

ÉTUDE DES PERSONNAGES

LE COLONEL HYACINTHE CHABERT

Hyacinthe Chabert est le héros de la nouvelle. Ancien colonel dans l'armée de Napoléon, il a également été comte, ainsi que grand officier de la Légion d'honneur. Il était aussi le premier époux de Mme Ferraud.

Orphelin dès sa naissance, Chabert a été élevé dans un hospice avant de s'engager dans une carrière militaire. Par ses exploits, il a réussi une ascension sociale fulgurante et est parvenu à amasser une fortune considérable. Homme craint et respecté, Hyacinthe Chabert est présenté avant sa mort par Balzac comme un militaire généreux, mais aussi extrêmement fier.

Le traumatisme de son décès fictif le change de manière assez radicale. Ainsi, devant les quolibets qu'il essuie en essayant de faire valoir son identité, il se transforme peu à peu en une personne humble et désespérée, mais néanmoins déterminée à obtenir gain de cause : la volonté qu'il affiche sous les moqueries des clercs lors de sa première visite dans l'étude de Derville en est le parfait exemple.

La prise en main de l'affaire par l'avoué, ainsi que le soutien financier que lui apporte ce dernier le ramènent un peu vers son ancien caractère : on le voit ainsi s'insurger contre la difficulté du système judicaire parisien ou contre les trahisons de son ancienne femme, afficher de temps à autre une solide prestance et on apprend même qu'il consacre une grosse partie de la somme allouée par Derville à aider une famille en difficulté. Néanmoins, ce retour est très fragile et suivi de longues périodes d'abattement.

C'est donc dans un état oscillant entre la fierté et le désespoir que le colonel Chabert se présente à la confrontation avec son ancienne femme. Si son mépris pour cette dernière fait échouer l'affaire, la fragilité psychologique du colonel et sa volonté d'en finir sont des armes idéales pour la comtesse afin de le piéger. Ayant découvert et déjoué les desseins de son ex-épouse, le héros fait alors preuve d'un ultime revirement de caractère : il décide de tout abandonner car il comprend qu'il ne gagnera jamais et part sur les routes comme un vagabond.

Le personnage du colonel Chabert symbolise un peu l'histoire d'une vie : il passe de l'enthousiasme de la genèse d'une seconde existence aux affres de son crépuscule. Ce passage entre deux extrémités a été semé de vices et d'embuches, mais l'a rendu célèbre et universel.

Mme FERRAUD

Ancienne épouse du colonel Chabert et remariée à sa mort, la comtesse de Ferraud est le modèle du personnage perverti par les fastes de Paris.

Avant d'être repérée et de se marier avec l'infortuné colonel, Mme Ferraud était une prostituée qui officiait au Palais-Royal. L'énorme fortune qu'elle reçoit à la mort de son premier mari et les avantages de sa seconde union suscitent en elle une grande soif du gain qu'elle cherche constamment à assouvir.

Cette richesse devient bien vite son seul intérêt et l'amour qu'elle porte à ses deux maris un moyen de la faire fructifier :

- elle profite de la liberté que lui octroie le comte Ferraud pour amasser une fortune dans son dos avec l'aide de son propre avoué, Delbecq ;
- elle fait croire au colonel Chabert que l'amour qu'il lui porte est réciproque afin qu'il renonce à la part de fortune à laquelle il a normalement droit.

Son attachement à l'argent est à ce point extrême qu'elle refuse de payer les 24 000 francs de rente (une partie infime de ses avoirs) qu'exige l'accord à l'amiable de Derville, provoquant ainsi la colère du colonel et l'échec de la conciliation.

DERVILLE

Avoué dirigeant sa propre étude, Derville est présenté par Balzac comme un homme intègre, curieux, sûr de lui et très intelligent. Ses qualités sont telles qu'il est constamment sollicité ci et là, ce qui l'oblige à s'occuper de ses affaires la nuit. C'est ainsi qu'il reçoit le témoignage du colonel Chabert, auquel il octroie une aide financière et un soutien dans sa lutte pour le recouvrement de son identité.

La position délicate dans laquelle il se trouve (il est à la fois l'avoué de Chabert, mais Mme Ferraud est aussi une de ses clientes) l'oblige à tenter une conciliation entre les deux parties plutôt qu'un procès qu'il ne peut financer bien qu'il soit certain de gagner (« Je ne suis pas homme à me charger d'une mauvaise cause, vous le savez », p. 61).

L'issue de cette tentative de réconciliation met le doigt sur le seul défaut de Derville : sa philanthropie. Cette dernière le rend particulièrement naïf et le pousse à croire que tout finit par s'arranger : il est ainsi, par exemple, persuadé qu'un accord à l'amiable a été effectué entre le colonel et sa cliente pour ensuite s'apercevoir dans les ultimes pages de la nouvelle que ce n'est absolument pas le cas.

CLÉS DE LECTURE

LA MÉTHODE D'ÉCRITURE BALZACIENNE

Comme la plupart des œuvres de Balzac, *Le Colonel Chabert* n'a pas d'emblée été publié en un texte définitif. En effet, la nouvelle a connu de nombreuses transformations entre la première version de 1832 et le récit final de 1845.

Les étapes de rédaction de la nouvelle, dont les titres successifs reflètent le degré d'avancement ou les choix opérés par l'auteur pour son récit (*La Transaction* ou encore *La comtesse a deux maris*), permettent aujourd'hui aux chercheurs de retracer son histoire. Mais, au-delà de l'intérêt scientifique qu'on lui porte, *Le Colonel Chabert* est intéressant car il constitue une illustration de la méthode de composition de l'auteur et des contraintes qui y sont liées.

Lorsqu'il décide d'abandonner son métier de clerc pour devenir écrivain et évoluer dans les hautes sphères de la capitale française, Balzac se retrouve vite confronté à de graves problèmes d'argent et contracte des dettes. Pour tenter de sortir de cette spirale infernale, l'auteur n'a qu'une solution : écrire et écrire encore en espérant que le succès fasse sa fortune.

Il se soumet alors à des cadences infernales de composition pour parvenir à son but : il consacre environ quatorze heures de sa journée à l'écriture, souvent à des heures tardives ou parfois en rentrant de soirée. Il roule à l'économie : il rédige ses romans sur des brouillons qu'il a préalablement présentés à ses éditeurs. Souvent pressé par le temps ou les difficultés financières, il envoie ses romans à l'imprimerie en les ayant à peine relus, ce qui explique les inégalités de style que l'on peut retrouver dans son œuvre.

On comprend dès lors l'intérêt de Balzac à publier au fil du temps les différentes versions d'une nouvelle comme *Le Colonel Chabert* : ces dernières versions ne demandaient pas autant de travail qu'un roman et lui assuraient un revenu dont il pouvait difficilement se passer.

Malgré un succès qui ne se démentira pas à partir du *Père Goriot*, de gros tirages et une renommée internationale, Balzac ne parviendra jamais à trouver un équilibre financier et son rythme de travail hâtera sa fin.

L'APPARTENANCE À *LA COMÉDIE HUMAINE* : RÉALISME ET RETOUR DES PERSONNAGES

Le réalisme de Balzac

Au XIXe siècle, se développe un courant nommé réalisme. Ce dernier veut – entre autres – que l'on décrive la réalité dans les œuvres littéraires, et ce de manière très fidèle.

Balzac adhère à cette esthétique et injecte une part de réalisme dans ses romans, essentiellement sur deux plans :

- psychologique et moral. Lorsque l'auteur, par exemple, décrit un personnage, il s'attarde longuement sur son caractère et sur ses manières, choses auxquelles on ne prêtait pas attention auparavant ;
- physique. Balzac accorde un soin minutieux au caractère réel des lieux où il place son action. Ainsi, les descriptions qu'il fait de ces derniers fourmillent de détails sur l'architecture, le matériel qui s'y trouve ou sur d'éventuels évènements qui s'y seraient déroulés. En outre, il n'hésite pas à énoncer des noms de rue (« [Chabert] demeurait dans le faubourg Saint-Marceau, rue du Petit Banquier », p. 42) ou de journaux connus (« il ne me faut qu'un peu de tabac et le *Constitutionnel* », p. 77) de l'époque pour aider le lecteur à mieux imaginer la scène. Les personnages ne sont pas en reste puisque l'auteur insiste toujours beaucoup sur leur apparence dans ses portraits.

On peut constater une application de ce double axe dans la description que l'écrivain fait de l'étude de Derville :

- tout d'abord, Balzac insiste sur l'atmosphère à la fois bon enfant et sérieuse du lieu ;
- ensuite, il s'attache à faire l'inventaire du lieu et des activités des clercs. Pour donner une touche de réel à ce travail, il met dans la bouche de ses personnages des formules utilisées couramment dans le métier ou qu'il a pu entendre durant sa propre expérience en tant que clerc ;
- enfin, il s'attarde à décrire le caractère et l'habillement des différents membres de l'étude.

Le retour des personnages

Une des grandes innovations de Balzac dans le domaine du roman est d'avoir réutilisé plusieurs de ses personnages dans différentes œuvres. En effet, auparavant, on n'avait jamais songé à utiliser le héros d'un récit dans une autre histoire que celle pour laquelle il avait été créé.

Derville constitue l'exemple parfait de ce processus du retour des personnages : ainsi, l'avoué de Chabert réapparait dans un autre roman de Balzac, *Le Père Goriot* (1835), où il défend le héros de l'intrigue dans une affaire judiciaire. Le chef de l'étude fait d'ailleurs une allusion très claire à ce cas à la fin du *Colonel Chabert* (« J'ai vu mourir un père dans un grenier, sans sou ni maille, abandonné par ses deux filles auxquelles il avait donné quarante mille livres de rentes ! », p. 87).

LES THÈMES DU *COLONEL CHABERT*

L'amour

Moteur essentiel du récit, l'amour y est présenté non pas comme une source de bienfaits mais plutôt comme la cause de malheurs qui frappent essentiellement le couple Chabert :

- Chabert. La bonté d'âme qu'il affiche tout au long du récrit l'amène encore à croire qu'une réconciliation amoureuse est possible. Mme Ferraud exploite cette faiblesse en faisant mine de restaurer leur relation d'antan pour mieux le piéger. Si Chabert se rend compte de la supercherie à temps, cette trahison, provoquée par sa passion, le pousse à tout abandonner définitivement et à disparaitre;

- Mme Ferraud. Comme nous l'avons expliqué plus haut, la comtesse utilise beaucoup l'amour pour parvenir à ses fins, que ce soit avec le colonel Chabert ou avec M. le comte. Mais le grand amour qu'elle nourrit à l'égard de ce dernier la place également sous la menace amoureuse: ainsi, comme le souligne Derville, la volonté de son mari de devenir pair de France pourrait l'amener à la quitter, provoquant un grand malheur pour elle.

Le mariage

Le mariage est une institution que Balzac a toujours portée en horreur (bien qu'il se soit lui-même marié deux fois). Ainsi, les premières *Scènes de la vie privée* qu'il publie en 1830 et auxquelles a été tardivement rattachée la nouvelle du *Colonel Chabert* illustrent, pour la plupart, le thème de l'union matrimoniale et les conséquences désastreuses qu'elle provoque.

Le Colonel Chabert développe lui aussi une vision néfaste du mariage. En effet, si on lit attentivement la trame du récit, on remarque que le mariage du héros avec sa femme génèrent énormément d'obstacles à son retour officiel à la vie.

De manière générale, le mariage est considéré par Balzac comme fondé sur l'intérêt et non sur l'amour pur. Par exemple, on constate que Mme Ferraud oublie instantanément son premier mari à sa mort et qu'elle feint de ne pas le reconnaitre pour continuer à jouir de sa nouvelle situation. Elle profite de la liberté que lui accorde son second époux pour s'enrichir sur son dos. Cependant, elle vit dans la crainte que le comte ne la quitte pour obtenir une place plus importante grâce à une union plus avantageuse.

L'argent

L'univers dans lequel vivent les personnages du *Colonel Chabert* tourne tout entier autour de l'argent ; c'est d'ailleurs la préoccupation principale des protagonistes :

- Chabert. Son but premier en allant trouver Derville est de pouvoir être à nouveau propriétaire de sa fortune ;
- Mme Ferraud. Toute sa vie tourne autour des choses pécuniaires. Elle occupe la majeure partie de son temps à amasser des richesses pour son propre compte, argent dont elle se sent la légitime propriétaire et qu'elle refuse de céder ;
- Derville. Il a contracté de lourds emprunts pour acheter son étude et est obligé de soutenir un rythme de travail infernal pour pouvoir les rembourser.

PISTES DE RÉFLEXION

QUELQUES QUESTIONS POUR APPROFONDIR SA RÉFLEXION…

- En quoi consiste le réalisme de Balzac dans *Le Colonel Chabert* ?
- Y a-t-il, dans l'œuvre même, des éléments qui vous renseignent sur la méthode d'écriture de Balzac ? Si oui, lesquels ?
- Quelle vision du mariage Balzac présente-t-il dans sa nouvelle ? Est-elle originale ?
- En quoi cette œuvre reflète-t-elle l'époque à laquelle elle a été publiée ?
- Qu'est-ce qui lie *Le Colonel Chabert* au reste de *La Comédie humaine* ?
- Pensez-vous que cette œuvre constitue en quelque sorte une dénonciation ? Si oui, que dénonce Balzac dans sa nouvelle ?
- Selon vous, qu'est-ce qui a fait de Balzac un des plus grands écrivains de son siècle ? À quoi son succès est-il dû ?
- Comparez la nouvelle avec ses adaptations cinématographiques.

POUR ALLER PLUS LOIN

ÉDITION DE RÉFÉRENCE

- Balzac H. de, *Le Colonel Chabert* suivi de *Ferragus*, Paris, Le Livre de Poche, 1964.

ÉTUDES DE RÉFÉRENCE

- Bardèche M., *Balzac romancier*, Bruxelles, Raoul Henry, coll. « Essais et Critiques », 50/ Paris, Plon, 1944.
- Aron P., Saint-Jacques D. et Viala A., *Le Dictionnaire du littéraire*, Paris, PUF coll. « Quadrige », 2004.
- Guillaume M.-M., « Balzac », *Histoire de la littérature française*, Paris, Emmanuel Vitte, 1950.
- Beaumarchais J.-P. de, Couty D. et Rey A. (dir.), *Dictionnaire des écrivains de langue française*, Paris, Larousse, 2001.

ADAPTATIONS

- *Le Colonel Chabert*, film d'André Calmette et Henri Pouctal, avec Claude Garry, Romuald Joubé et Aimé Raynal, 1911.
- *Le Colonel Chabert* (*Il Colonello Chabert*), film de Carmine Gallone, avec Umberto Zanuccoli, Charles le Bargy et Rita Pergament, 1920.
- *Un Homme sans nom*, film de Gustav Ucicky et Roger Le Bon, avec Fernadel, Firmin Gémier et Robert Goupil, 1932.

- *Le Colonel Chabert*, film de René Le Hénaff, avec Raimu, Marie Bell et aimé Clariond, 1943.
- *Le Colonel Chabert*, film d'Yves Angelo, avec Gérard Depardieu, Fanny Ardant et Fabrice Luchine, 1994. Cette dernière adaptation fut plusieurs fois nommée aux Césars.

SUR LEPETITLITTÉRAIRE.FR

- Commentaire du dénouement du *Colonel Chabert* d'Honoré de Balzac
- Fiche de lecture sur *Eugénie Grandet* d'Honoré de Balzac
- Fiche de lecture sur *Ferragus* d'Honoré de Balzac
- Fiche de lecture sur les *Illusions perdues* d'Honoré de Balzac
- Fiche de lecture sur *L'Élixir de longue vie* d'Honoré de Balzac
- Fiche de lecture sur *La Cousine Bette* d'Honoré de Balzac
- Fiche de lecture sur *La Duchesse de Langeais* d'Honoré de Balzac
- Fiche de lecture sur *La Femme de trente ans* d'Honoré de Balzac
- Fiche de lecture sur *La Fille aux yeux d'or* d'Honoré de Balzac
- Fiche de lecture sur *La Peau de chagrin* d'Honoré de Balzac
- Fiche de lecture sur *Le Bal de Sceaux* d'Honoré de Balzac
- Fiche de lecture sur *Le Chef-d'œuvre inconnu* d'Honoré de Balzac

- Fiche de lecture sur *Le Lys dans la vallée* d'Honoré de Balzac
- Fiche de lecture sur *Le Père Goriot* d'Honoré de Balzac
- Fiche de lecture sur *Les Chouans* d'Honoré de Balzac
- Fiche de lecture sur *Sarrasine* d'Honoré de Balzac
- Questionnaire de lecture sur *Le Colonel Chabert*

Gaudé
- La Mort du roi Tsongor
- Le Soleil des Scorta

Gautier
- La Morte amoureuse
- Le Capitaine Fracasse

Gavalda
- 35 kilos d'espoir

Gide
- Les Faux-Monnayeurs

Giono
- Le Grand Troupeau
- Le Hussard sur le toit

Giraudoux
- La guerre de Troie n'aura pas lieu

Golding
- Sa Majesté des Mouches

Grimbert
- Un secret

Hemingway
- Le Vieil Homme et la Mer

Hessel
- Indignez-vous !

Homère
- L'Odyssée

Hugo
- Le Dernier Jour d'un condamné
- Les Misérables
- Notre-Dame de Paris

Huxley
- Le Meilleur des mondes

Ionesco
- Rhinocéros
- La Cantatrice chauve

Jary
- Ubu roi

Jenni
- L'Art français de la guerre

Joffo
- Un sac de billes

Kafka
- La Métamorphose

Kerouac
- Sur la route

Kessel
- Le Lion

Larsson
- Millenium I. Les hommes qui n'aimaient pas les femmes

Le Clézio
- Mondo

Levi
- Si c'est un homme

Levy
- Et si c'était vrai…

Maalouf
- Léon l'Africain

Malraux
- La Condition humaine

Marivaux
- La Double Inconstance
- Le Jeu de l'amour et du hasard

Martinez
- Du domaine des murmures

Maupassant
- Boule de suif
- Le Horla
- Une vie

Mauriac
- Le Nœud de vipères

Mauriac
- Le Sagouin

Mérimée
- Tamango
- Colomba

Merle
- La mort est mon métier

Molière
- Le Misanthrope
- L'Avare
- Le Bourgeois gentilhomme

Montaigne
- Essais

Morpurgo
- Le Roi Arthur

Musset
- Lorenzaccio

Musso
- Que serais-je sans toi ?

Nothomb
- Stupeur et Tremblements

Orwell
- La Ferme des animaux
- 1984

Pagnol
- La Gloire de mon père

Pancol
- Les Yeux jaunes des crocodiles

Pascal
- Pensées

Pennac
- Au bonheur des ogres

Poe
- La Chute de la maison Usher

Proust
- Du côté de chez Swann

Queneau
- Zazie dans le métro

Quignard
- Tous les matins du monde

Rabelais
- Gargantua

Racine
- Andromaque
- Britannicus
- Phèdre

Rousseau
- Confessions

Rostand
- Cyrano de Bergerac

Rowling
- Harry Potter à l'école des sorciers

Saint-Exupéry
- Le Petit Prince
- Vol de nuit

Sartre
- Huis clos
- La Nausée
- Les Mouches

Schlink
- Le Liseur

Schmitt
- La Part de l'autre
- Oscar et la Dame rose

Sepulveda
- Le Vieux qui lisait des romans d'amour

Shakespeare
- Roméo et Juliette

Simenon
- Le Chien jaune

Steeman
- L'Assassin habite au 21

Steinbeck
- Des souris et des hommes

Stendhal
- Le Rouge et le Noir

Stevenson
- L'Île au trésor

Süskind
- Le Parfum

Tolstoï
- Anna Karénine

Tournier
- Vendredi ou la Vie sauvage

Toussaint
- Fuir

Uhlman
- L'Ami retrouvé

Verne
- Le Tour du monde en 80 jours
- Vingt mille lieues sous les mers
- Voyage au centre de la terre

Vian
- L'Écume des jours

Voltaire
- Candide

Wells
- La Guerre des mondes

Yourcenar
- Mémoires d'Hadrien

Zola
- Au bonheur des dames
- L'Assommoir
- Germinal

Zweig
- Le Joueur d'échecs

www.lepetitlitteraire.fr

ISBN version imprimée : 978-2-8062-1325-9
ISBN version numérique : 978-2-8062-1814-8
Dépôt légal : D/2013/12.603/175